RECUEIL

DES

LEÇONS

DE SOLFÈGE

A CHANGEMENTS DE CLEF

COMPOSÉES POUR LES

EXAMENS ET CONCOURS

DU

CONSERVATOIRE DE MUSIQUE

PAR

AMBROISE THOMAS

EN DEUX LIVRES:

PREMIER LIVRE | DEUXIÈME LIVRE
Net : 10 Francs | Net : 12 Francs

PARIS

AU MÉNESTREL, 2 bis, rue Vivienne, HENRI HEUGEL

ÉDITEUR DES SOLFÈGES ET MÉTHODES DU CONSERVATOIRE

Propriété pour tous pays

1885

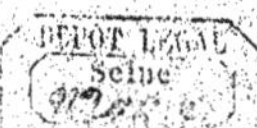

RECUEIL DES LEÇONS

DE

SOLFÈGE

A Changements de Clef

COMPOSÉES POUR LES

EXAMENS ET CONCOURS

DU

CONSERVATOIRE DE MUSIQUE

1872-1885

PAR

AMBROISE THOMAS

DIRECTEUR DU CONSERVATOIRE DE MUSIQUE

PREMIER LIVRE	DEUXIÈME LIVRE
LEÇONS	LEÇONS
POUR LES	POUR LES
CLASSES DES CHANTEURS	CLASSES DES INSTRUMENTISTES
Prix net : **10** Francs	Prix net : **12** Francs

N. B. — Ces leçons sont autographiées d'après la copie en usage dans les classes du Conservatoire.

PARIS

AU MÉNESTREL, 2 bis, rue Vivienne, HENRI HEUGEL

ÉDITEUR-PROPRIÉTAIRE DES SOLFÈGES ET MÉTHODES DU CONSERVATOIRE

Tous droits de reproduction réservés. — Propriété pour tous pays.

1885

TABLE THÉMATIQUE
du
PREMIER LIVRE

LEÇONS D'EXAMENS

LEÇONS DE CONCOURS

Imp. Ed. Delaurby & Cie 15 St Denis 51 & 53.

LEÇONS DE SOLFÈGE
A CHANGEMENTS DE CLEF
COMPOSÉES POUR LES
EXAMENS ET CONCOURS
DU
CONSERVATOIRE DE MUSIQUE
PAR
AMBROISE THOMAS
1er LIVRE - CLASSE DES CHANTEURS

Andantino.
N° 1.
Chant.
p
Andantino.
Piano.
p

Paris. Au Ménestrel, 2 Bis, R. Vivienne.
H. 5994 (1)
Hte Heugel, Éditeur.

cresc:
P
pp
Cresc:
p
pp
cresc:
f
f
p
f
p
ff
H. 5994 (1)
3

4
N: 2.
Andantino.
Chant.
p
Andantino.
Piano.
mf
p
Cresc=
Cresc=
H. 5994 (1)

p
Cresc:
p
Dimi:
p
Riten:
Riten:
Smorzando ppp

No 3.
Andantino.
Chant.
Piano.
Andantino.
p
p
p
cresc=
cresc=
sf
p.
H.5994(1)

dimi =
p
f
pp
dimi =

N.º 4.
Allegro Moderato.
Chant.
f
Allegro Moderato.
Piano.
f
p
p
Creso:
p
p
H. 5994 (1)

f
f
f
dimin.
Dimin.
p
p
Rit:
Ritenuto
pp

Nº 5
Andantino con moto.
Chant.
Andantino con moto.
Piano.
p
p
Cresc:
H. 5994 (1)

p
Cresc=
p
pp
p
péd=
péd=
péd=

Andantino.
Piano.
Andantino.
Cresc=
Riten=
Riten.=
Allegretto.
Allegretto.
H. 5994 (1)

Cresc=
ffp
ffp
ffp
ffp
Cresc=
Dimi=
Dimi=
pp
pp

14
N.º 7.
Andantino.
Chant.
Andantino.
Piano.
p
3
dim=
dim=
Cresc=
Cresc=
H.5994 (1)

f
dimi=
p
f
dimi=
Cresc=
f
dimi=
3
3
dimi=
f
dimi=
pp
dimi=
pp
dimi=
Riten=
Riten=
ped=
H.5994(1)

N° 8.
Moderato.
Chant.
Moderato.
Piano.
p
p
p
p
H. 5994 (1)

Cresc =
Cresc =
p
p
pp
Dimi =
pp

Allegro Moderato.
Chant.
Allegro Moderato.
Piano.
H. 5994. (1)

dimi do
Cresc
dimi do
H. 5994(1)

Moderato.
Chant.
Moderato.
Piano.
p
p
p
Cresc=
Cresc=
f
f
dimi do
H. 5994 (1)

Cresc.
dimi.
Cresc.
dimi.
Cresc.
dimi.
dimi.

N° 11.
Chant.
Andantino.
p
Piano.
Andantino.
p

cresc.
cresc.
p
f
p
dimin.
pp
f
dimin.
pp

24
Nº 12.
Andantino.
Chant.
Andantino.
Piano.
p
ff
ff
p
ff
p
ff
p
Cresc=
Cresc=
H. 5994 (1)

dimin.
Ritenuto
poco più Ritenuto.
Cresc.
Cresc.
f
p
pp
pp
pp
pp
ff
H. 5994. (1)

N° 13.
Chant.
Andante.
Piano.
Andante.
Cres
Dimin:do
Rit:
Allegretto.
Allegretto.
Rit:
H. 5994 (1)

pp
f
pp

Andantino.
Chant.
Andantino.
Piano.
p
p
mf
dim.
dim.
cresc.
cresc.
dim.

dimi.
p
mf
p
Rit.
p
Rit.
p
dimi.
dimi.

№ 15.

cresc=
f
p
cresc=
f
p
dimi=
p
ppp
péd=
H.5994(15)

H . 5994 (1)

pp
Riten=
pp
Riten=
H. 5994(1)

34
N° 17.
Andantino con moto.
p
Chant
Andantino con moto.
Piano.
p
H.5994 (1)

dimi=
dimi=
dimi=
dimi=
Riten=
Suivez
péd=
H. 5994 (1)

N.º 18.
Andantino.
Andantino.
Piano.
H. 5994 (1)

mf
mf
p
pressez un peu
Cresc=
f
Cresc=
Suivez
H. 5994 (1)

Tempo 1º
Tempo 1º
Cresc
Cresc
Riten
Riten

N° 19.
Chant.
Piano.
Andante.
Andante.
p
mf
pp
Cresc=
col canto.
f
p
pp
p
Cresc=
p Ritenuto.
f
H. 5994 (1)

Allegretto.
Allegretto.

cresc.
cresc.
ff
p
pp
pp
pp
Ritenuto.
à tempo.
suivez
M.G. off
pp
H. 5994 (1)

N° 20.
Andante.
Chant
Andante
Piano.
Cres:
dimi.do
pp
Cres:
mf
pp
H. 5994 (1)

Cres
Rall
Allegretto.
Allegretto.
Dimi
Rall
H. 5994 (1)

Cres:
Cres:
Cres:
f p
f
f
p f

Andante
Chant
Andante
Piano.
p
p
Cresc:
f
p
Cresc:
f
p
Dimin:do
Dimin:do
H. 5994. (1)

pp
cresc.
Allegro.
mf
p
Allegro.
H. 5994 (1)

50
p
sf
p
sf
Cresc:
p
Cresc:
p
H.5924 (1)

Cresc:
Cresc:
f
Dimin:
p
Cresc:
Dimin:
p
f
f

N° 22.
Andantino.
mf
Chant
p
Piano.
Andantino.
f
Cresc=
f
Cresc=
f
Ritenuto.
Mod.te
Rit=
H. 5994 (1)

Moderato.
Moderato.

cresc:
Cresc:
Cresc:
p
pp
cresc:
Cresc:
f
ff
H. 5994(1)

Chant.
Andantino.
Piano.
Andantino.
p
Cress:
dimi.do
dimi.do
Allegretto.

Allegretto.

H.5994(1)

N° 24.
Chant
Andantino. Con moto.
Piano.
Andantino Con moto.
H. 5994 (1)

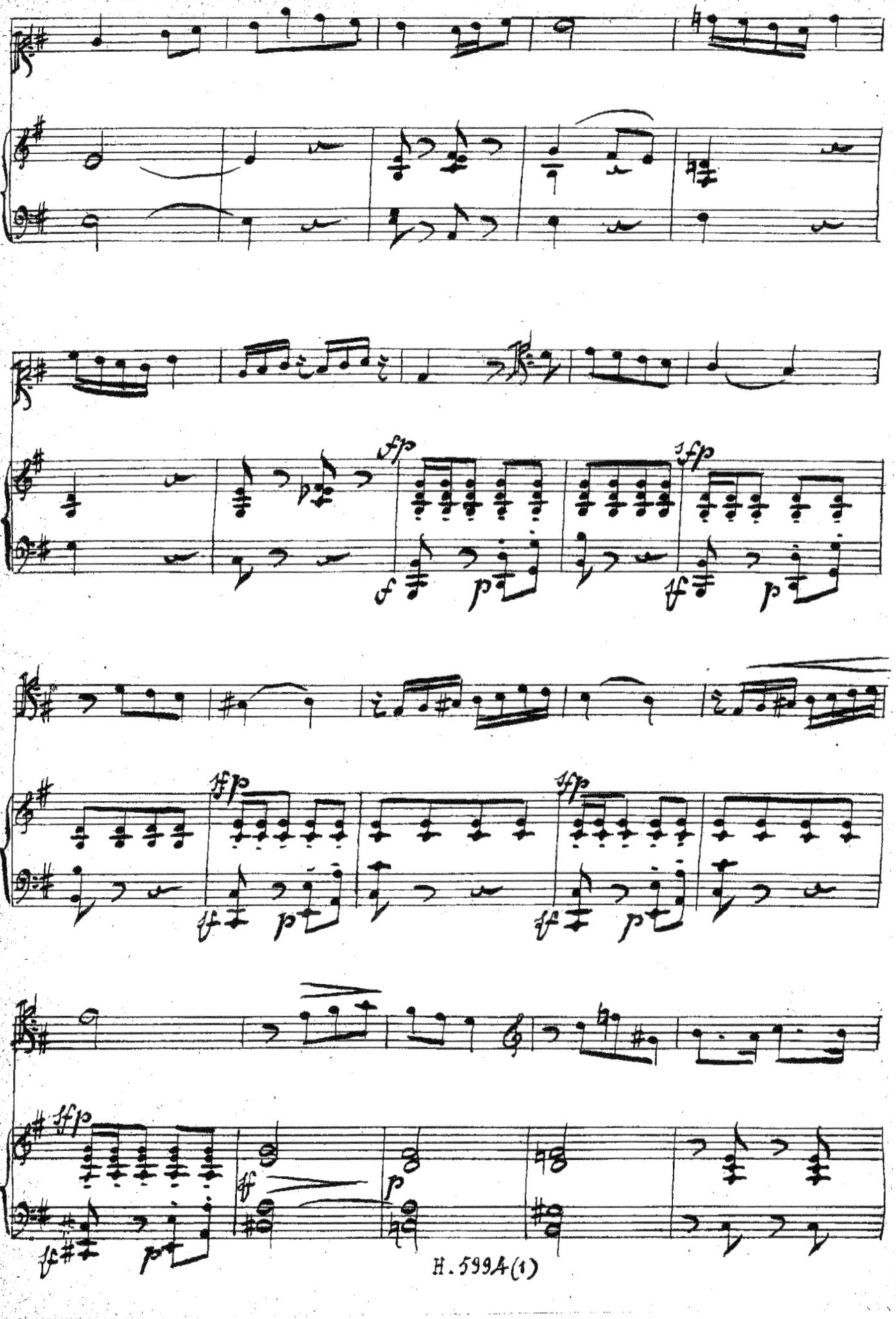

62
H.5994(1)

Cresc:
Cresc:
f.
dimi⁻ᵈᵒ
dimi⁻ᵈᵒ
p
p
dimi⁻ᵈᵒ
dimi⁻ᵈᵒ
pp
pp

Poco Ritenuto.
Poco Ritenuto.
dimi.do
dimi.do
pp
H. 5994 (1)

Nº 25.

Andantino.
Chant.
Andantino.
Piano.
Cresc=
Cresc=
f
dimin=
p
Riten=
All:o Moderato.
Riten=
All:o Moderato.
p

Dimin do
Dimin do
H. 5994. (1)

68
Allegro.
Allegro.
H. 5994 (1)

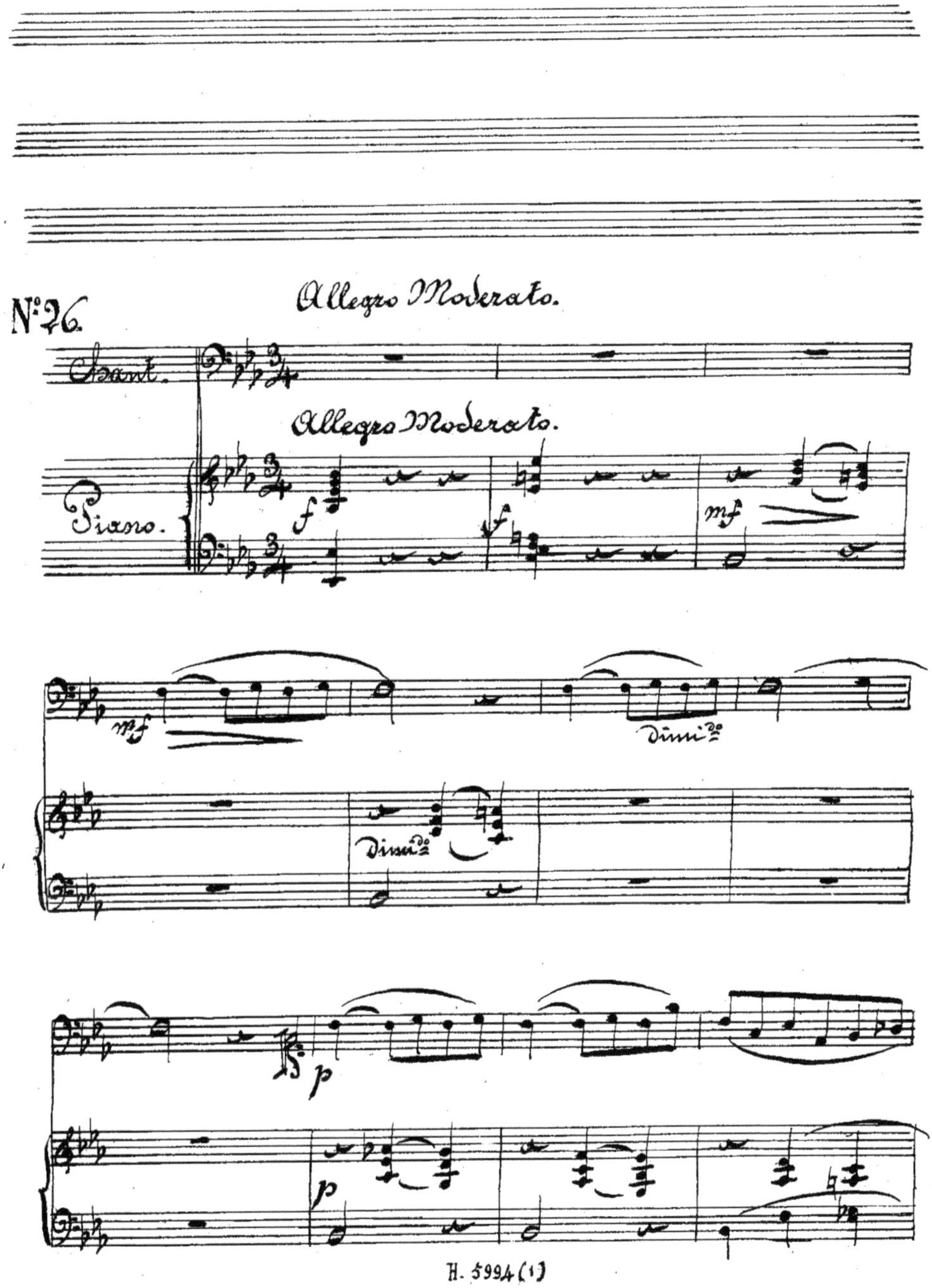

N.º 26.

ppp
Dimin.
Dimin.
ff
ff
f
sf

p
p
Cresc=
cresc=
f
f
dimi=
dimi=
p
p
ppp

mf
pp
pp
cresc=
cresc=
f
dimin= Riten=p
Riten=p

N°27.

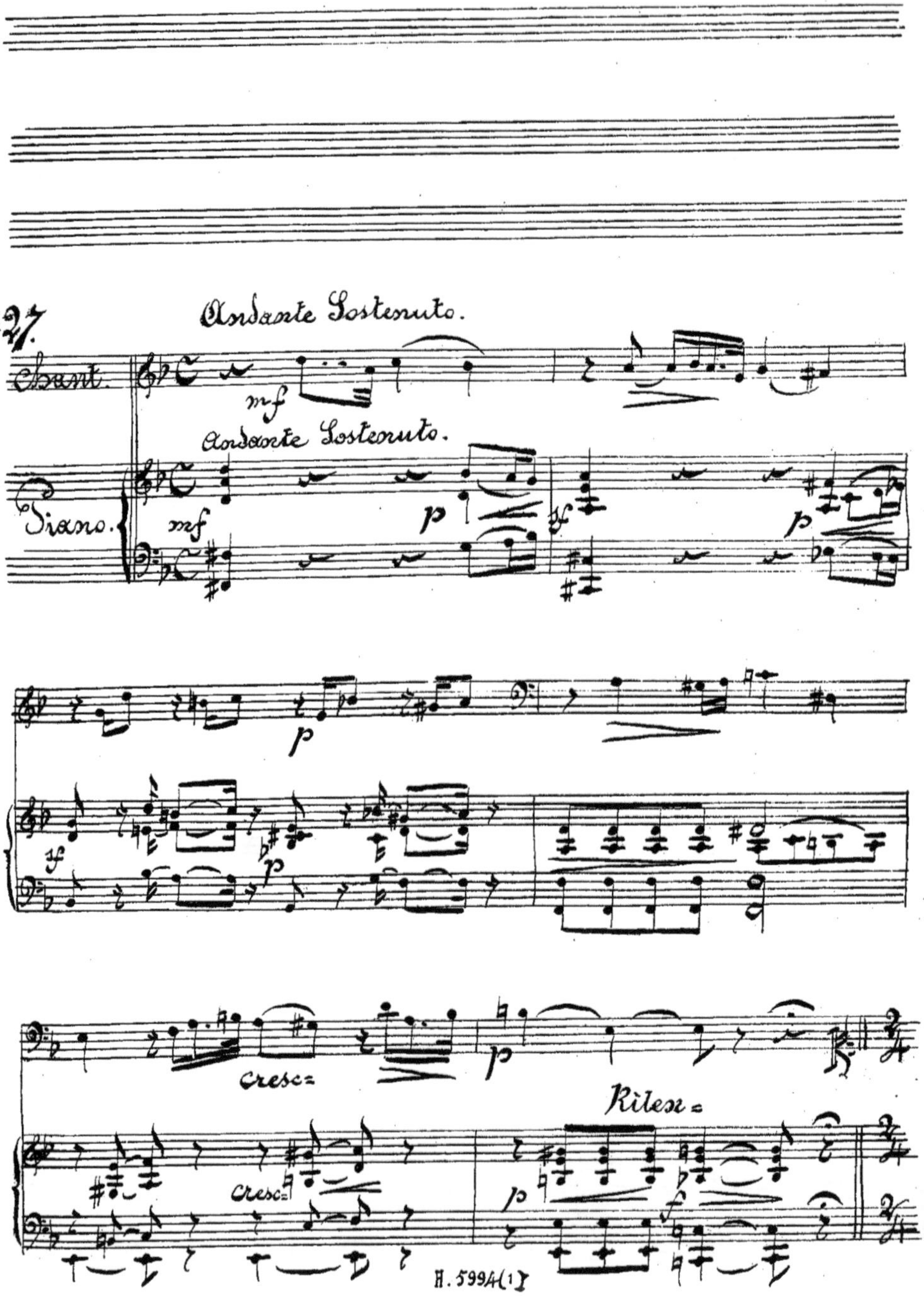
Andante Sostenuto.
Chant.
mf
Andante Sostenuto.
Piano.
mf
p
sf
p
p
p
Cresc=
p
Cresc=
Ritenu=
p
f

H. 5994(1)

Allegro Moderato.
Allegro Moderato.
p
p
H. 5994(1)

Cresc=
Cresc=
p
Dimi=
H. 5994 (1)

pp
pp
Rit=
Cresc=
Cresc=
p
Suivez
à tempo.
p
à tempo.
Cresc=
Cresc=
p
f
H. 5994 (3)

f
f
ff
ff
H. 5994 (1)

N°28.
Andantino.
Andantino.

dimi=

Cresc=
Dimi=
p
Cresc=
p
Dimi=
p
péd=
Riten=
péd=
péd=
pp
pp
Smorz=
péd=
H.5994(1)

84
N° 29.
Chant.
Andantino.
p
Piano.
Andantino.
p
pp
pp
pp
H.5994(1)

cresc=

Dimi=
pp
Cresc=
Cresc=
p
pp
H.5994(1)

Cresc=
Cresc=
Dimin=
Dimin=
f
p
pp
pp

ENSEIGNEMENT DU CONSERVATOIRE DE MUSIQUE DE PARIS

RECUEIL DES LEÇONS

DE

SOLFÈGE

A Changements de Clef.

COMPOSÉES POUR LES

EXAMENS ET CONCOURS

DU

CONSERVATOIRE DE MUSIQUE

1872-1885

PAR

AMBROISE THOMAS

DIRECTEUR DU CONSERVATOIRE DE MUSIQUE

PREMIER LIVRE	DEUXIÈME LIVRE
LEÇONS	LEÇONS
POUR LES	POUR LES
CLASSES DES CHANTEURS	CLASSES DES INSTRUMENTISTES
Prix net : 10 Francs	Prix net : 12 Francs

N. B. — Ces leçons sont autographiées d'après la copie, en usage dans les classes du Conservatoire.

PARIS

AU MÉNESTREL, 2 bis, rue Vivienne, HENRI HEUGEL

ÉDITEUR-PROPRIÉTAIRE DES SOLFÉGES ET MÉTHODES DU CONSERVATOIRE

1885

PARIS. — IMPRIMERIE CHAIX, 20, RUE BERGÈRE. — 15005.

TABLE THÉMATIQUE

du

DEUXIÈME LIVRE

LEÇONS D' EXAMENS

LEÇONS DE CONCOURS

LEÇONS DE SOLFÈGE

A CHANGEMENTS DE CLEF
COMPOSÉES POUR LES
EXAMENS ET CONCOURS
DU
CONSERVATOIRE DE MUSIQUE
PAR
AMBROISE THOMAS
2ème LIVRE - CLASSE DES INSTRUMENTISTES.

3
dimi=
pp
dimi=
pp
f
p
f
dimi= — — — —
p
Riten=
Riten=
pp
H. 5995 (2)

Nº 2.
Chant.
Allegretto Sostenuto.
p
Allegretto Sostenuto.
Piano.
p
ff
cresc=
f
mf
p
p
p
H. 5995 (2.)

Cresc=
f
Cresc=
f
dim=
dim=
p
p
pp
Riten=
pp
Riten=
H. 5995 (2)

N.º 3.
Allegro Moderato.
Chant.
Allegro Moderato.
Piano.
f
p
ff p
ff p
H. 5995 (2)

3 3 3 3 3 3
f
p
dimi=
p
dimi=
pp
pp
Riten=
Riten=

Nº 4.

Dimin. 9
ff
pp
ppp
ppp
Rit.
pp
H. 5995 (2)

Nº 5.

dimi.
p
dimi.
dimi.
p
dimi.
pp
poco rit.
dimi.
pp
poco rit.
H. 5995 (2)

N.º 6.

Cresc.
f
Cresc.
Dimin.
Dimin.
p
Dimin.
pp
p
p
p
p
f

14
Nº 7.
Moderato.
Chant.
p
Moderato.
Piano.
p
f
dimin.
p
dimin.
p
Cresc:
f
Cresc:
f
H. 5995 (2)

p
Cresc:
f
Cresc:
f
p
pp
H.5995(2)

Nᵒ 8.

Andantino con moto.
Chant
Andantino con moto.
Piano.
p
p
p
p
f
p
Cresc:
Cresc:
ff
p
f
p
p
f
p

Cresc:
dimi do
p
Cresc:
p
p
dimi do
dimi do
f
ppb dd
f
H. 5995 (2)

18
No 9.
Allegro Moderato. 
Chant.
Allegro Moderato.
Piano.
p
Cresc:
f
p
H. 5995 (2)

cresc=
f
cresc=
cresc=
>p
>
p
>
Dimi=
pp
H.5995(2)

Allegretto.

Nᵒ 10.

cresc=
f
Dimi.do
p
cresc=
f
p
f
p
p
f

N° 11.

Allegro Moderato.
Chant
f
Allegro Moderato.
Piano.
f
p
p
p
f
p
p
Cresc=
Cresc=
H 5995(2)

p
Rit.
tempo 1°
Cresc.
Rit.
tempo 1°
Cresc.
dimin.
Ritenuto.
f
dimin.
p
p
Suivez
Risoluto.
f
f
H. 5995 (2)

Nº 12.
Allegretto.
Chant.
p
Allegretto.
Piano.
p
p
Cresc=
Cresc=
p

Cresc.
Dimin.
Riten.
Andantino.
p
Andantino.
p
f
f
H.5995(2)

Cresc
Allegretto.
Allegretto.

Cresc.
dimi=
f
Cresc.
Dimi=
p Ri - te - nu - to - - - - à tempo.
Ri - te - nu - to - -   à tempo.
p
f
f

Nº 13.
Allegro Moderato.
Allegro Moderato.
Chant.
Piano.
p
f
dimi=
p
cresc=
f
mf
Dimi=
H. 5995 (2)

30
Cresc=
Cresc=
dimi=
H.5995(2)

cresc=
p
cresc=
f
Rit=   dim=   à tempo.
Rit=   à tempo.
p
pp
f
f

No 14
Allegro. Risoluto.
Chant.
f
Allegro.
Piano.
f
f
cresc.
cresc.
H. 5995 (2)

dim.
Plus Largement.
Plus Largement.
Ritenuto.
dim.
dim.
Ritenuto.
dim.
tempo 1º
dim.
Tempo 1º
H. 5995 (2)

34
Nº 15
Andantino.
Chant.
Andantino.
Piano.
p
p
p
p
Cresc=
Cresc=
Cresc=
p
f
p
f
Cresc=
Cresc=
dimi=
f
f
dimi=
H.5995(2)

p
dimi=
Cresc=
cresc=
dimi=
pp
pp

Nº 16.

Moderato.

Chant.

Moderato.

Piano.

H. 5995 (2)

p
Cresc=
f
Cresc=
p
f
p
f
dimi=
p
Rit= pp
pp
Riten=
H.5995(2)

N.º 17.

Allegro Moderato.
Chant.
Allegro Moderato.
Piano.
Cresc=
Crescendo
dimi=

H. 5995 (2)

f
p
p
p
Cresc:
Cresc:
f
Dimi:
p
pp
Riten:
Riten:
pp
8va
ped:

No 18
Allegretto Moderato.
Chant.
Allegretto Moderato.
Piano.
dimi
f
dimi
p
p
H. 5995 (2)

dim.
f
p
dim.
dim.

ff
dim=
ff
pp
pp
ff
dim=
Rit=
à tempo.
à tempo:
Suivez p
Cresc=
Cresc=
ff

44
Nº 19.
Allegro Moderato. 
Chant
Allegro moderato.
Piano.
unis
Cresc=
Cresc=
H. 5995 (2)

Cresc=
Cresc=
f
f
p
f
p
p
dimi=
dimi=
pp

N.º 20
Chant.
Allegro Moderato.
Allegro Moderato.
Piano
f
f
f
f
p
f
f
p
f
f
f
p
p
p
dimi=
p
Ritenuto.
dimi=
Ritenuto.
pp
pp
H. 5995 (2)

Andantino con moto.
Andantino con moto.
p
p
f
cresc
f
f
p

f
cresc=
f
dimi=
f
dimi=
f
dimi=
p
dimi=
p
dimi=
p
pp
pp
dimi=
pp

Nº 21.

Andante Sostenuto.
Chant.
dimi=
f
Andante Sostenuto.
Piano.
f
p
cresc=
f
p
p
cresc=
pp
p
p
H.5995(2)

Allegro Moderato.
Allegro Moderato.
p
Cres=
Cresc=
Dimi=
Cresc=
Cresc=
p
ff
H. 5995(2)

Cresc=
Cresc=
dimi=
Sempre Cresc=
f
Cresc=
f
f
p
dimi=
pp
f
ff
f
H.5995(2)

N° 22.
Allegro non troppo.
Chant.
Allegro non troppo.
Piano.
p
p
Cresc:
Dimin:do
f
sf
H.5995(2)

p
p
Cresc:
sf
p
sf
sf
p
ff
p
V. S.
H. 5995 (4)

dimin=
p
dimi⁰⁰
cresc=
cresc=
f
ff
f

Elargissez
Dimi.
Dimi.
Suivez
à Tempo
à Tempo
pp
p
p
pp
pp
p
mf
ff
H.5995(2)

Nº 23.
Andante Sostenuto.
dimi.do
Chant.
Andante Sostenuto.
Piano
f
p
f
f
sf
f
p
dimi.do
dimi.do
p
f
H.5995 (2)

Moderato Tempo di Polacca.
Moderato Tempo di Polacca.
p
p
f
f
ff
p
H.5995/9.1

Dimi.
sf
Dimi.
H. 5995 (2)

pp
dim.
pp
sf p
sf p
Cresc:
Cresc:
f
f p
f
sf
p
ff
A.5095(2.)

Cresc:
f
p
f
p
Dimin.
Dimin.
pp
sf
ff
H.5995(2)

Nº 24.

Rit:
Dimi do
Allegretto.
Allegretto.
Cresc:

mf
mf
p
dim.
p
H. 5995 (2)

Cresc:
dimi.do
dimi.do
dimi.do
Rit.o
Rit.o
pp
ped:
H.5995(2)

N.° 25.

Andante Sostenuto.

dimi.do
dimi.do
p
pp
pp
Allegro Moderato.
p
Allegro Moderato.
p
p

dimin.
dimin.
pp
pp
Cresc.
Cresc.
dimin.
dimin.
f
p
f
H. 5995 (2)

Cresc:
p
p
f
p
f
sf
p
f
pp b
pp
pp
f
ppp
ff

N.º 26.
72
Allegro.
Chant.
Allegro.
Piano.
dimi. do
p
Rit.º
Rit.º
Andantino.
p
Andantino.
pp
H. 5995 (2)

Cresc=
dimi=do
mf
ff
ff
ff
mf
f
Riten=
p
H. 5995 (2)

Allegretto.
Allegretto.
p
p
p

dimin.
dimin.
pp
pp
p
p
p
p

76 No 27.
Allegro.
Chant.
Allegro.
Piano.
f
p
p
f
Cresc=
Cresc=
f
f
f
#o
o o o
Dimi o
p
Dimi=
f
H.5995.(2)

Andante Sostenuto.
Andante Sostenuto.
dimin.
dimin.
dimin.
dimin.
dimin.
Riten.
H. 5995 (2)

Allegro Vivo.
mf
Allegro Vivo.
H.5995(2)

péd=
péd=
péd=
péd=
sf
sf
f

f
dimin.
p
H. 5995(2)

cres _ _ _ _ _ cen _ _ _
cres _ _ cen _
_ do
_ do
H. 5995 (2)

N° 28.

Allegro Moderato.
Chant.
Allegro Moderato.
Piano.
p
p
f
f
H.5995(2)

84.
p
pp
p
pp
cresc:
cresc:
f
Adagio.
adagio.
84.

à Volonté.
Sempre Segue
Riten=
Riten=
Cresc=
dimi=
pp

Allegro Tempo 1º
Allegro Tempo 1º
p
Cresc=
f
Dimi=
p
Dimi=
p
f

Cresc=
Cresc=
f
f
p
p
Dimi do   p
f
H. 5995 (2)

poco Riten=
Riten=
tempo 1º
f
f

Fantaisie
N° 29.
Allegro Moderato.
Chant.
Allegro Moderato.
Piano.
f
p
dimi=
H. 5995 (2)

Cresc=
Cresc=
ff
p
Largo.

Largo Sostenuto.
p
Largo Sostenuto.
Dimi =
pp
cresc =
cresc =
Dimi =

Riten=
Tempo 1º
Tempo 1º
mf
p
Allegro Moderato.
Allegro Moderato.
ff
p
Cresc=
Cresc=
Dimi=
f
f
H. 5995 (2)

Cresc=
Cresc=
Dimi=
Dimi=
p
p
p
p
f
ff
ff
ff

Cresc=
ff
f
p
ff
f
Cresc=
ff

Nº 30.

Allegro Moderato.
Chant.
Allegro Moderato.
Piano.
dimi= Riten=
dimi= Rit=
H.5995(2)

Andante.
Andante.

Cedez un peu.
Rit.
pp
mf
suivez
pp
mf
Allegro Moderato.
p
Allegro Moderato
p
Rit.
cresc.
f
cresc.
f
f
f
f
f
H. 5995 (2)

100
Cresc=
f
Cresc=
f
f
p
f
p
f
f
p
f
p
H. 5995 (2)

Cresc =
Cresc =
f
ff

Nº 31 Allegro Moderato.

Cresc=
f
Dimi=
Cresc=
f
Dimi=

Andante Sostenuto.
Andante Sostenuto.
p
p
Cresc=
Cresc=
ff
p
dimi=
dimi=
poco Rit=
pp
pp
pp
H. 5995 (2).

Volti Subito

All.º Mod.to Tempo 1.º
All.º Mod.to Tempo 1.º
dimi.
f
p
p
sans rigueur.
H.5995 (2)

Risoluto.
Cresc=
Cresc=
Dimi=
H. 5895 (2)

Nº 32. Allegro Moderato.

Cresc=
Cresc=
f
p
dim=
p
Riten=
Riten=
dim=
dim=
pp

Andante Sostenuto.
Andante Sostenuto.
p
p
Cresc=
pp
dimi=
dimi=
pp
ff
dimi=
Riten=
dimi=
Suivez
H.5995(2)
111

Allegro Moderato.
Allegro Moderato.
p
Cresc=
Cresc=

H. 5995 (2)

www.ingramcontent.com/pod-product-compliance
Ingram Content Group UK Ltd.
Pitfield, Milton Keynes, MK11 3LW, UK
UKHW021904070726
13613UKWH00001B/314